正法に出会って人生が変わった

―御本尊の偉大な功徳ですべてが解決!!―

「大石寺鐘楼」画 佐伯教通

目次

収録した体験談は、『大白法』『妙教』に掲載されたものに加筆し、末尾に掲載号を記しました。

【引用文献略称】

御　書 ── 平成新編日蓮大聖人御書（大石寺版）

我が家に春が来た！

あらゆる悩みが解決へ

久修寺信徒　白鳥　彰男

しらとり　あきお
愛知県豊田市・久修寺信徒。昭和34年1月、愛媛県新居浜市で生まれる。妻と2人の息子との4人家族。自動車関連会社に勤務。

私は昨年（平成二十六年）、二月二日に勧誡を受けました。

本日は、私が創価学会時代に体験した謗法《ほうぼう》の害毒と思われる数々の苦しく不幸な出来事、そして日蓮正宗の信徒となり、この一年で体験した功徳の実証と思われる感動的な出来事について、正直にお話ししたいと思います。

私は学会二世として生まれ、子供のころの少年部から壮年部になるまで、学会員であることを当たり前として過ごしてきました。平成三年に創価学会が宗門から破門されても、学会幹部に洗脳されている両親と私は、正しいのは創価学会と信じて、疑うことはありませんでした。

しかし、破門されてからしばらくして、私の周りの状況が少しずつおかしくなり始めました。

不幸な出来事が次々と

不幸な出来事が最初に訪れたのは、学会が破門されて十年ほど経った平成十三年です。

四国で支部婦人部長の役職に就き、家族のなかでも学会活動に一番熱心だった母が、耐えられない頭痛に悩まされるようになりました。検査を受けたところ、脳に悪性の腫瘍《しゅよう》が見つかりました。信じられない、まさかのガンの宣告に、家族全員が大変なショックを受けました。

宗門に対して強い敵対心を持ち、よく悪口を言っていた母は、そのうち脳腫瘍から来る言語障害により、しゃべることすらできなくなり、衰弱していきました。ガン宣告後わずか一年で、この世を去りました。六十七歳という若さでした。

私が見舞いに帰省する予定にしていた前日に母が亡くなり、最期を看取《みと》ることすらできませんでした。学会葬で行った母の葬儀に参列した親族からは「創価学会をやっていると、幸せに長生きできるのと違ったのか。葬式に僧侶もいないし、学会なんか早くやめたほうがいい」と、異口同音に忠告を受けました。その時に同席していた学会幹部から「長生きしたからいい人生とは限らない。お母さんはこの世での務めを充分に果たしたから仏と成ったのであって、他人より不幸なことではない」と諭《さと》されました。これは詭弁《きべん》だと思いましたが、この時は素直に言うことを聞くしかありませんでした。この時から、私は創価学会に対する疑いが芽生え始めていましたが、「疑うことは謗法」との学会の洗脳もあり、その気持ちを無理に封印していました。

さらに、伴侶を失った寂しさからか、父も次第に元気がなくなり、もともと患《わずら》っていた肝《かん》硬変《こうへん》になり、その後、原因不明のまま母のあとを追うように、わずか八カ月後に亡くなりました。

担当医の「今日、明日、どうにかなる状態ではないから」という言葉を信じ、四国の実家をあとにした翌日のことでした。結局、私は両親二人とも、最期を看取ることができませんでした。

わずか一年の間に両親が共に他界してしまうという信じられない出来事に、やり場のない深い悲しみが私を襲いました。

同じころ、仕事面でもつらいことが多くなりました。私の勤める会社は、たび重なる不祥事により倒産寸前まで経営が悪化したため、外国企業の傘下となりました。上司が突然ドイツ人となり、これまでとは全く違う、慣れない部署での仕事に、心身共に疲弊《ひへい》していきました。

その後、外国の企業にも見放された会社は、さらに厳しい状況となり、従業員の給与は激減しました。子供の教育費などが掛かる大切な時期に収入が減り、経済的にも今までに経験したことがない厳しさでしたが、家族のため、子供達のため、耐えながら頑張りました。

やっと落ち着けると思いきや

その甲斐もあって、二人の息子達も大学生となり、やっと落ち着けるかと思ったのもつかの間、今度は、その息子にも害毒が現れます。遠方の大学に通う、まじめなはずの次男が、クラブ活動には参加するものの大学へは行っていないことが判りました。

二年前のことでした。冬休みで帰ってきた次男に「なぜ大学へ行かない。親の苦労が解らないのか。まじめに勉強しろ」と厳しく責めたところ、息子は死んだような目をして「大学へ行けない。講義に出ると胸が苦しくなる」と小さい声でつぶやくだけでした。それに腹を立てた私は「甘えるな、親不孝者!」と厳しく叱《しか》りつけましたが、息子はただポロポロと涙を流しながら、うつむいたままでした。この時、色々なことで苦しい思いをし、心に余裕のなくなっていた私は、息子の甘えたような行動がどうしても許せず、息子の気持ちを思いやることができませんでした。

息子はそれから数カ月ほど大学へ行きましたが、やはり途中でだめになり、大学の学生相談室でカウンセリングを受けたところ、頑張り過ぎによる心の病であることが判りました。クラブ活動にだけ参加していたのは、怠けているのではなく、部活が唯一の心の拠《よ》り所になっていたことも判りました。厳しく責めて無理に大学へ行かせたことが、息子を苦しめ、心の病を悪化させる結果となりました。

結局、息子は昨年の正月に帰省したあと、そのまま家で心の病の治療をすることとなりました。戻ってきてからは、ほとんど口を利《き》かず、部屋に引き込もるようになりました。そんな息子を見ながら何もできずに、ただ見守るだけのつらい日々が続きました。特に、子育ての責任を感じていた妻には、耐え難い苦しみがあったと思います。

同じころ、元自衛隊員で頼り甲斐《がい》のあった妻の父も、患っていた膵臓《すいぞう》ガンが進行し、亡くなりました。いつも明るい妻も、父親と息子、二重の悲しみで塞《ふさ》ぎ込むことが多くなっていました。

このように私の大切な人達が次々と不幸になるなかでも「すべては私の宿業《しゅくごう》。まだまだ信心が足らない」と、学会の謗法による害毒と気づくこともなく、学会活動に前向きに参加していました。

妹の脱会を機に見えてきた真実

しかし、一向《いっこう》に良くなる兆《きざ》しはなく、私自身も次第にやる気が失《う》せ、この苦しみから逃れることはできませんでした。学会幹部にも相談しましたが、「学会に早く家族を入会させれば良くなる」と言うだけで、新聞の契約拡大、選挙の票取り、広布基金と称する学会の資金集めに忙しく、真剣には取り合ってもらえませんでした。また、この時、同じような悩みや不幸を抱えている学会員が多いことを改めて知るところとなりました。

それは昨年の一月、徐々に学会に対する不信感も大きくなり始めていたころ、私の妹から「私は日蓮正宗の信徒になった」との一通のメールがきました。実は妹も健康状態が勝《すぐ》れず、嫁ぎ先の工場の火事や義父の大怪我《けが》と悪いことが続き、学会の謗法による害毒に苦しんだ末のことでした。

この時も、学会から宗門の悪口をさんざん聞かされ洗脳されていた私は「まさか宗門に付くとは。早まったことをしたな」と、妹を非難することしかできませんでした。しかし、妹の言うことには不思議と説得力があり、徐々に私の心の中に変化が現れました。

本当に正しいのはどちらなのか、じっくり考えたくなり、自分でもインターネットなどで色々と調べていくうちに、いかに学会幹部が宗門のことについて嘘《うそ》八百を並べて学会員を洗脳しているか、その真実がようやく見えるようになってきました。そして、宗門が正しいことを確信した私は、二月二日に、自ら久修寺に参詣する決心をしました。

久しぶりにお寺に参詣し御本尊様を拝した時、不思議と、なんとも言えない懐《なつ》かしさと温かさを感じました。その後、御住職・竹内誓道御尊師のお話を伺い、勧誡を受けさせていただき、晴れて日蓮正宗の信徒に戻ることができました。入仏式が終わったあと、家の中が澄んだ空気に変わったような不思議な感覚がありました。

それからは五座・三座の正

しい勤行と唱題を日々実践し、四月には、生まれて初めて登山もしました。初めて見る総本山は本当に荘厳でした。奉安堂で初めて本門戒壇の大御本尊様を拝した時の歓喜と感動は忘れられません。学会がよく「総本山は野犬がうろうろして、ペンペン草が生えている」と言っていましたが、それは全く大嘘《おおうそ》であることがよく解りました。

我が家に春の訪れ

その後も毎月の御報恩御講や夏期講習会に参加していくうちに、徐々に功徳と思える現証が顕《あらわ》れ始めました。

三月には、引き込もっていた次男が自らの意志でアルバイトをするようになり、四月には長男が

講中の皆さんと

早々《はやばや》と第一志望の会社から内定をもらいました。

六月に久修寺で支部総会が開催された時は、壮年部員としてお手伝いさせていただき、この六月十五日、感動的な出来事がありました。学会を嫌って、幸い学会に入会していなかった私の妻を誘い、お寺に迎え入れたところ、妻は初めてお寺の御本尊様を拝したとたんに、涙があふれてきました。これまでずっと悲しみや苦しみを耐えてきたのが、御本尊様を拝したことで正直になり、自然に涙が出たのだと思います。その後、在勤の岩井行節御尊師のお話を伺い、御授戒を受け入信となりました。

御授戒の間も妻は涙が止まらず、私はその光景を目《ま》の当たりにして、御本尊様の偉大さを改めて確信しました。

その後も不思議なことが次々と起こりました。

七月には広布推進会で会社の同じ職場の先輩と偶然、出会いました。その先輩は、多くの功績を上げ、仕事で困った時にいつも助けてくれる人柄の良い方で、私が職場で最も信頼している人です。なんという不思議な縁でしょうか。先輩は岡崎市の仏土寺支部の法華講員で、同志でした。

あらゆる悩みが解決へ

経済面でも、功徳としか思えない不思議なことがありました。同じ七月の、とある日、不動産屋から突然、実家の買い手が見つかったとの連絡がありました。四国にある私の実家は十年以上、空き家となっており、売りに出しても全く売れずに諦《あきら》めていたところ、突然こちらの希望通りの売価で購入したいという方が現れました。遠方であるにも関わらず全くトラブルもなく、スムーズに取り引きができました。

さらに八月には、亡き両親へ初めて盂蘭盆《うらぼん》の塔婆供養をしてお墓参りをしたところ、偶然にも本家の人と初めてお会いでき、管理に困っていた両親のお墓の世話をお願いできました。

また、仕事の上でも信じられないことがありました。四年前から、経験のなかった仕事に変わり、なんとか勤めてはいましたが、心中には自分の専門知識が活かせる研究の仕事に戻りたいという思いがずっとありました。しかし何も変わらず年月が過ぎていくだけで「会社人生もこの仕事で終わりか」と諦めていました。

ところが八月に突然、会社幹部から「新しい研究の仕事をやってくれないか。会社のなかでこの仕事を引っ張っていけるのは白鳥さんしかいない」との、たいへん有り難い話があり、十月から、以前のような研究の仕事を任せてもらえるようになりました。現在は、従来の仕事との兼務という形で忙しくはなりましたが、楽しく充実しています。そして息子達にも、感動するすばらしい出来事がありました。久修寺で奉修した妻の父親の第一周忌の法事に次男をお寺に連れていったところ、岩井御尊師の温かいお人柄に触れ感ずるものがあったのか、少し気難しい次男が本人の意志で御授戒を受け、十一月二十三日に晴れて入信できました。

以前の明るく前向きな姿に戻るにはまだ時間が必要ですが、アルバイト先ではまじめで仕事ができる信頼される人材となり、少しずつではありますが本来の姿を取り戻しつつあります。

そして家族全員が

また十二月には、遠方の大学へ通っている長男が帰省した折、私が創価学会を脱会し、日蓮正宗の信徒になった経緯について真剣に話をし、息子にも御授戒を受けるように勧めたところ、すんなり承諾してくれました。そして十二月二十九日に、久修寺での餅つきでお寺に参詣し、御授戒を受け、晴れて入信となりました。

二月に私、六月に妻、十一月には次男、そして十二月に長男と、昨年一年間で家族四人が入信できました。昔からの願いでもあった一家和楽の信心が、この一年で現実のものとなり、今でも信じられません。そして平成二十七年は、ここ数年にはなかった、幸福感に満ちた晴れやかな新年を一家そろって迎えることができました。

一月三日には一家そろって登山をさせていただき、戒壇の大御本尊様に深く感謝申し上げました。

正直なところ、勧誡を受けてから一年間で、これほどの功徳が顕れるとは思ってもいませんでした。『祈祷抄』の、

「大地はさゝばはづるゝとも、虚空《こくう》をつなぐ者はありとも、潮《しお》のみち《満》ひ《干》ぬ事はありとも、日は西より出《い》づるとも、法華経の行者の祈りのかなはぬ事はあるべからず」

との御金言の通り、私は大きな功徳を頂きました。
（御書六三〇ジペー）

正しい信心を強い気持ちで実践すれば、必ず御本尊様が良い方向に導いてくださることを、この一年間で確信しました。

創価学会の魔の手から学会員を救済しよう

話は変わりますが、私は今でも近所の学会員と話をすることがあります。最近の話題はもっぱら、創価学会が本門戒壇の大御本尊様への信仰を否定したことです。学会員はよく「時代と共に変わるのが生きた宗教」などと言いますが、御本仏の御《み》教えを、信徒でもない輩《やから》が勝手に変えていいはずがありません。このような暴挙に出た創価学会を厳しく破折することは当然ですが、古くからの学会員はかつての同志で、特に末端には人柄の良い純粋な人も多いのです。

そのような学会員を悪知恵で騙《だま》し、口先で洗脳し続け、組織の発展と私利私欲しか考えていない創価学会幹部が許せません。その魔の手から、謗法まみれのなかで苦しんでいる学会員を、慈悲の心で一人でも多く折伏して救うことこそが、私達が本当にすべきことであると思います。それは、私のように元学会員として謗法の害毒に苦しんだ者の使命でもあります。

その使命を果たすためにも、私自身が「法華講員となってよかった。日蓮正宗こそが正しい宗教である」と胸を張って言える実証を示していかなくてはならないとの決意でいます。

法華講員としてはまだまだ未熟ですが、立宗七百六十三年「達成・出陣の年」の本年も、勤行・唱題を根本に、御法主日如上人猊下の御指南、御住職様の御指導のもと、先輩の講員の皆様と共に、自行化他の信心に邁進《まいしん》してまいります。

（大白法・平成27年4月1日号）

姉が命懸けでつないでくれた信心

すべて御本尊様のおかげ

清涼寺信徒　梅木　まゆみ

うめき　まゆみ

千葉市花見川区・清涼寺信徒。夫と子供２人の４人家族。支部では夫と共に少年部の責任者を務め、家族総出で折伏に邁進。

皆さん、こんにちは。私は昭和四十七年、茨城県の筑波山麓にある筑西《ちくせい》市に三姉妹の次女として生まれ、間もなくして同市にある法高寺様で御授戒を受けました。母方は、代々の真言宗を祖母の代で改宗し、日蓮正宗の信徒となっていましたが、父方は、江戸時代から日蓮宗身延派の寺の檀家総代を、代々続けてきた家系でした。

父は母から折伏を受けて入信しましたが、邪宗の害毒が強く、素直な信心とはほど遠いものでした。そのような家庭環境で生まれた姉は出産時の医療ミスで、脳性小児マヒとなり、寝返りを打つことも、食べ物を自分の意思で咀嚼《そしゃく》することもできませんでした。

このようななかで私は誕生し、母親が姉の介護に付きっきりの状態でしたので、親元で育つことができず、乳児院にいたこともあったそうです。その後、しばらく母方の祖母の家に預けられ、そこで信心の基礎を教えられました。

母は、娘の病気を治したい一心で、姉をおぶって折伏に回り、その姉は脳性マヒで両手を胸の前で合わせることもできないくらい不自由な身体でしたが、それでも必死に手を合わせようとするなど、母と一緒に、毎日何時間も御本尊様の前に座っていたそうです。

そうして歩けるようになったのもつかの間、姉は九歳で亡くなりました。けれどもその姿は、それはもう見事な、輝くような美しい姿でした。その姿が私の心に強く焼きつき「御本尊様は絶対なんだ」と、ぶれることなく信心を続けられる原点となっていきました。

ところが、姉を亡くしたことで一家の信心がぐらつき、我が家はその三年後に一家離散となり、もともと信心に対して素直でなかった父は行方《ゆくえ》をくらまし、私は母と妹と一緒に千葉県船橋市に移ることになりました。経済的にも精神的にもつらい状況が続き、私は一人で家の御本尊様の前に座る日々が多くなりました。「姉が命懸けでつないでくれた信心を守らなければいけない」、子供心にもそんな決意をしたものでした。

幸せになりたい

そんな日々のなか、法高寺の御住職様の御慈悲で、毎月発行の寺報を十年以上送っていただいたことにより、私達姉妹は唯一、お寺とつながることができ、寺報はまさに命の絆《きずな》、信心の絆となりました。「この寺報は毎月、私達のことを見ているのでは…」と思うような内容が多く書かれており、御本尊様の不思議を感じ、いつしか毎月、寺報が届くことが楽しみになっていました。

祖母は、一族のなかで一番不憫《ふびん》な思いをしている私達を「なんとか幸せにしてやりたい」との思いから、その解決のために「お寺に連れていってやるしかない」と強く心に決めたのでしょう。お彼岸やお盆、また年始には必ずお寺に参詣し、お塔婆供養と御供養をするように、と教えてくれました。また、祖母は私達に「しっかり御祈念しなさい」とよく言っていました。時には二時間以上、一緒に唱題をしたこともありました。幸せの意味すら解らない子供でしたが、いつも御本尊様を見上げて「幸せになりたいです」と御祈念していたことを覚えています。

　祖母は、私達姉妹が「お寺に参詣できるように」とたくさんお題目を唱えてくれ、また折伏活動にも日々、精進していました。信心にも、しつけにも厳しい祖母でしたが、今になってその大きな愛情に包まれていたことを思うと、感謝しても、しきれません。

婦人部の皆さんと

　不安定な環境のなかで「私は一人なんだ」と心を閉ざしていた時もありましたが、祖母からは大きな愛情と、御本尊様に対する絶対の信心を教えてもらい、それによって御本尊様は私達姉妹を守り導いてくださっていたのだと思うと、本当に有り難い気持ちでいっぱいです。

亡き姉が力を貸してくれた

成人してからは主人と出会い、五年間、御祈念を続けて折伏し、入信ののち結婚しました。主人を折伏し始めた時は、創価学会と一緒にされてしまい、なかなか理解をしてもらえませんでしたが、毎日御祈念を続け、ついに折伏がかないました。その御授戒には、もちろん祖母も立ち会ってくれました。最後の決め手になったのは「九歳で亡くなった姉の供養のために、一緒に信心をしてほしい」と話したことでした。亡き姉の力が私を助けてくれたと感じました。

それからは、私の失明の危機の克服、不妊治療の成功、娘の命に関わるような大病の克服、息子の喉《のど》を切るような大怪我《けが》からの回復、母のガン克服など、私は数えきれない功徳を頂きました。現在、母と妹は鎌ケ谷市の鎌谷寺様でお世話になっております。会うたびに信心の話ができ、お互い励まし合いながら信心を支えてくれています。

そんななかで、祖母が亡くなり、学会に洗脳されていた叔父が学会葬をしてしまいました。私達の信心を支えてくれ、たくさんかわいがってくれた祖母の葬儀がこんなことになってしまうなんて、と本当に申しわけなく、どうにかしなくてはならないと自分の信心を振り返りました。私が一族のなかで折伏をやらなければ、だれがやるんだと奮い立ち、お寺での唱題行、そして婦人部の方々と真剣に折伏に回りました。その功徳だと思います。三回忌を前にして、叔父から学会をやめて日蓮正宗に入るとの連絡があり、法高寺様で勧誡を受けて『ニセ本尊』を取り外し、日蓮正宗の御本尊様を御安置して、しっかり供養をしてくれるようになりました。

父の入信に歓喜の涙

また、一族のためにと信心に励んでいたなか、行方不明になって二十数年ぶりに父が見つかりました。捜索願《そうさく》を出してから十年が過ぎていました。親としては失格の父ではありましたが、孫の顔を見せてあげることができました。父との再会から五年。主人が「絶対にお父さんに勧誡を受けさせてあげなきゃだめだよ」と言ってくれました。

信心に反対していた父親、子供のころの記憶から「無理なんじゃないか」と、心がとても乱れましたが「父には、私しか勧誡を受けさせてあげる人はいない」と決心し、清涼寺に連れていきました。昔と変わらず素直な信心とはほど遠い父の態度には泣きそうになりましたが、「今までの身勝手で無責任な親としての人生を悔い改めるためにも、素直になってほしい」と話すと、すんなり承諾してくれました。

本堂で御本尊様を前に手を合わせる父は泣いていました。御本尊様の前の姿が本当の姿なんだと改めて感じました。御本尊様が私に親孝行をする機会を与えてくださったことに、感謝の気持ちで胸がつまり、私も涙を流していました。

三年前に末期の大腸ガンを患《わずら》った父ですが、完治することができ、現在は兵庫県尼崎市の大妙寺の預かり信徒として元気に暮らしています。

最近の折伏活動は、初めは私と主人だけで街頭折伏に参加していましたが、子供達も行きたいと言ってきました。「子供を使って布教している」などと言われてしまうのではないかと色々考えましたが、子供達の意志を尊重しました。

街頭折伏に連れていくと、何より周りの人達が喜んでくれました。その様子は、私が祖母と一緒に活動していた時に、周りの人達が喜んでくれていた様子と重なりました。

思春期の息子が街頭で声を出すことは、勇気のいることだと思いますが、私以上に元気に楽しくリーフレットを手渡しています。

家族が一丸となって

また、娘は鼓笛隊の練習の合間を縫《ぬ》って、一緒に街頭に立ち、元気に楽しそうにリーフレットを配っています。夫も、仕事帰りの夜の街頭折伏に参加しています。暑い日も寒い日も、仕事で疲れていることもあると思いますが、家族の幸せのために頑張ってくれています。

昨年（平成二十六年）は街頭折伏で知り合ったガーナの方の折伏を、家族で応援させていただき、少年部の納涼会を通して御授戒を成就することができました。また、織戸副講頭さんから街頭折伏で知り合ったガーナの方を紹介していただき、現在も家族で折伏をしています。主人は英語が得意で、外国の方の折伏の応援をさせていただくことが多くなりました。アフリカの方を続けて折伏する機会をいただき、これも御本尊様が私達にくださった御縁だと思っています。

体験発表のお話をいただきながら、なかなか折伏成就がかなわない現状に「私にも折伏をさせてください。私の口を折伏のために使わせてください」と御祈念する毎日が続きました。息子のクラスメイトのお母さんで、以前から親しい友人が、子育てについて悩んでいる相談を受けました。「この方達も私しか折伏する人はいないんだ。なんとか助けてあげたい。幸せになってほしい」と心から思いました。学校での様子を知る息子も、苦しんでいるクラスメイトをどうしたら助けてあげられるか悩んでいました。

そこで、私と息子は友人の親子が御授戒をいただくことができるようにと御祈念を続けました。お寺の折伏リストに名前を挙げて、唱題行にも参加しました。そして、つい二日前の月曜日の夜に、友人の親子三人が御授戒をいただくことができました。夕勤行のあと、清涼寺にお連れして御住職様にお話をしていただき、私からは御住職様に彼

梅木さん一家

女の悩みを何もお話ししていないのに、まるですべて御存じであったかのように、的確に友人の親子の悩みを解決するお話をいただき、横で一緒に聞きながら私自身が一番驚いていました。「これで彼女達の問題をきちんと解決していける…」そう思うと、御授戒の間も胸がいっぱいになりました。

早速、昨日から学校や仕事に行く前と帰宅後に、お題目を一緒に唱えることから始めました。

「決めて、祈って、動く――」御住職様はいつもそう御指導くださいます。その通りに実践し、折伏させてくださいと御祈念を続けていたら、きちんと折伏するチャンスをいただけること、そして、その成就は私一人の力ではなく、皆さんに力を合わせていただくことで成就できたんだということを改めて感じました。

「私のお題目を清涼寺の折伏誓願達成に使ってください」と御祈念していると、何度もお寺で御授戒を受けられる方々に出会います。御本尊様は、私のお題目も周りの皆さんの役に立つんだということを見せてくださっていると思いました。お寺で御授戒に立ち会わせていただくと、本当にうれしくて、いつも涙が出そうになります。そして、次は私の身近な人を折伏成就したいと思っていました。私が「折伏に行ってくる」と言うと、いつも家族が御本尊様に御祈念の唱題をしてくれています。

一族のなかで一番不幸だと思っていた私が、家族そろって毎日、朝夕の勤行ができ、家族で折伏活動ができ、昔、一人で唱えていたお題目が、今ではたくさんの講員さん達と唱えさせていただき、また御住職様をはじめ、御尊師方に恵まれ信心ができるようになりました。「幸せになりたいです」と御祈念していた私が、今では一族のなかで一番の幸せ者になっていました。

私の人生は、すべて御本尊様のおかげです。

今までの私の信心は、御本尊様にお願いばかりしてきました。でも今日、このような発表の機会をいただき、私は大勢の皆様方のおかげで信心を続けてくることができたことを、改めて感じました。これからはしっかりと、御本尊様とお寺をお護りし、信心を次の世代につなげていけるように、一日一日を大切にしていきたいと思います。

今、私達夫婦は少年部のサポートをさせていただいております。御住職様は、拙《つたな》い信心の私達夫婦を信じてくださり、将来の法華講にとって大事な少年部の育成を任せてくださっています。その お気持ちに応えるためにも、また祖母が私達姉妹の幸せのために、一回でも多くお寺に連れていってくれたように、一人でも多くの子供が一回でも多く、お寺に来てお題目を唱えることができるように、少年部担当の方々と精一杯、頑張っていきたいと思います。

平成三十三年・宗祖日蓮大聖人御聖誕八百年の御命題達成に向けて、菅原御住職様の御指導のもと、より一層、信行学に励んでまいります。

御清聴、有り難うございました。

（妙教・平成27年9月号）

絶望のなか　わらをもつかむ思いで

希望と充実感にあふれる

涌徳寺信徒　白石　義伸

しらいし　よしのぶ

熊本県熊本市・涌徳寺信徒。妻・久美さんと子供４人の６人家族。昨年５月よりは折伏チームのリーダーとして活躍。

私には、妻と四人の子供達がおりますが、本日は、一番下の娘の身の上に起きた出来事を通して、御本尊様に対する大確信を得た体験を発表させていただきます。

娘の理美《りみ》は生後四カ月のころに重い障害を持ってしまいました。自宅での生活はもとより、私達親ですら近づくことのできない、つらくて悲しい日々が始まったのです。

娘と引き離されて

ぐったりとした娘の異変に動転して妻に連絡を取り、その後、一一九番に通報しました。娘は国立病院へ救急搬送《はんそう》され、集中治療室で約一カ月、処置を受けました。一般病棟《びょうとう》に移ったあとも、退院までの間、どうにも娘の側《そば》から離れられず、私は毎日二十四時間、一緒に病院で過ごしながら、ひたすら自分を責めていました。全く反応してくれない目の前の我が娘に、親なのに何もしてやれない絶望感と、この子の将来を絶《た》ってしまったことへの自責の念が自分自身を追い込み、いつの間にか私は、自殺を考えるようになりました。

娘は約二カ月後に退院し、自宅から療育施設へ通ってリハビリを受ける生活が始まりましたが、それから間もなく、さらなる不幸が私達家族を襲いました。

仕事中に妻から電話が入り、出てみると怒りに震えた声で「理美が児童相談所に連れていかれた」と言うのです。娘の足にあった小さな水ぶくれが、恐らくはタバコの火で負わせたもので虐待《ぎゃくたい》である、と判断されてしまったからです。全く身に覚えのないことでした。

ここから私達夫婦は、子供を取り戻すため、闘いの人生へと移っていくことになります。

役所をはじめ弁護士事務所や関係機関を訪ね歩き、このような事例に詳しい人を探し回ったり相談したりと、娘を取り戻すため、あらゆる方法を求めて動き回りました。ついには裁判も起こしましたが、努力は報われず、自分達が無力である現実だけを突きつけられました。

児童相談所は、娘の居場所も、どこで何をしているのかも教えてくれず、引き離されてから十年の歳月が流れた後、ようやく許されたのは月に一度、たったの一時間、それも監視がついたなかでの面会でした。それでも精いっぱいの親子愛を通わせてきました。一緒に外出することなど許されません。つらく悲しくて絶望的だったこの十年間を、私達はけっして忘れることはできません。

絶望の淵《ふち》で巡り値《あ》う

ところが、未来への希望を絶たれた私達に、想像もしていなかった転機が訪れました。

妻は、白石家の罪障深い因縁を変えるには、もう信仰しかないと、宗教に興味を持ち始めていました。しかし出会ったのは、本門仏立宗、創価学会、顕正会といった邪宗教ばかりでした。

そして一昨年（平成二十五年）の七月、妻が同じ職場の江上浩子さんに「南無妙法蓮華経と唱えている宗教がたくさんあるけど、一体何が違うの」と尋ねたところ、「私が行っているお寺の御尊師にお尋ねしてみよう」と涌徳寺へ連れていってくれることになりました。

面談室へ通され、現在、住職代務者である近藤恒道御尊師に初めてお目にかかった時、言葉では言い表すことのできない不思議な安心感を覚えました。そして今まで、どの宗教にも質問などすることのなかった私が、二時間にも及ぶ質問をしていました。

そのどれにも、御尊師は優しく丁寧に答えてくださり、すべてが納得のいくものばかりでした。強い眼差しで確信ある言葉で話してくださる御尊師に心を動かされ、私は清々《すがすが》しい気持ちでその日に入信を決意しました。

平成二十五年七月四日、私と妻、子供達三人の家族五人は、御授戒を受けさせていただきました。苦しみの連続から、崩れない絶対的な幸福境界を築いていく人生へとスタートした日でした。

理美の御授戒は？

しかし、一番御授戒を受けさせたい理美をお寺に連れていくことができません。園田地区長に「施

白石さん一家

設に入所している娘がいますが、外出許可は絶対にもらえません。一〇〇％不可能です。どうしたら御授戒を受けさせることができますか」と相談すると「御尊師に出張御授戒をお願いしてみましょうか」と言ってくださいました。

地区長がお願いしてくださったところ、近藤御尊師からは思ってもみなかった御指導を頂戴しました。園田地区長は「外出の許可が下りるように、御祈念をしていくことが大事ではないですか。単に御授戒を受ければよいということだけに囚《とら》われていると、大事なことを見失いますよ」と御指導を受けたと話してくださいました。この時の御指導が一年後にかなうことになるとは、その時は想像もつかないことでしたが、御指導の通りに毎日、御祈念をしていくことにしました。

さて、入信した日から私は、教えていただく仏道修行は、まず素直に実践していこうと決め、九月の支部総登山への参加を決意しました。

御登山の大功徳

しかし決心はしたものの、交通費を払える余裕などなく、迷う心が起きていた時、園田地区長と大塚さんが我が家へ家庭訪問に来てくださり、妻に支部総登山の功徳について、体験を通して話してくださいました。感銘を受けた妻が背中を押してくれ、私は初めて御登山できました。

大石寺の美しい佇《たたず》まいや厳粛な丑寅《うしとら》勤行など、感動の連続でした。そして、いよいよ本門戒壇《かいだん》の大御本尊様にお目通りがかなう時、私は「御本尊様、どうか私に家族を養っていける力をください」と、すがる思いで御祈念をしました。

歓喜で御登山を終えた翌月の十月一日、私は上司から呼び出しを受けました。何か失敗でもしたのだろうかと不安な気持ちで行くと「白石君より先に正社員になるべき人もいるが、君を正社員に登用しようと思う。だから、しっかりと働いてもらいたい」という、思いもよらない言葉でした。

赤字が続き、正社員になれるのは、六十人いる契約社員のなかでわずか三人。私がなれる確率はゼロに等しい環境でしたので、まさかの出来事でした。間違いなく御登山の功徳だと確信し、感謝の思いでいっぱいになりました。

それからは、毎月の広布唱題会、御報恩御講に夫婦で参詣させていただくようになり、御本尊様も御下付いただくことができ、勤行を覚え、地区の座談会も我が家で開いていただくようになりました。現在、御報恩御講には家族五人そろって参詣しております。

謗法《ほうぼう》に犯された生活から、信心根本の生活にすっかり変わった昨年の六月中旬ごろのことです。月一度の娘との面会の際、妻が「今日、外出許可のことをお願いしてみようか」と、御祈念を続けて以来、初めて口にしました。

私はまだ早過ぎるのではないかと思いましたが、ダメでもともと施設にお願いをしてみました。そう簡単に許可が下りるはずがないと、全く期待していませんでしたが、十日ほど経《た》って施設から電話があり、なんと外出許可が下りたのです。一〇〇％不可能だったことが可能になった瞬間でした。御本尊様を信じてきてよかった、近藤御尊師の御指導通りに進んできてよかったと、感謝の思いで、どうしようもなく涙があふれてきて止まりませんでした。そして七月一日、十年ぶりに念願だった親子での外出を果たした場所は日蓮正宗涌徳寺であり、そこで娘は無事に御授戒を受けさせていただきました。

その御授戒の際に娘の身体に不思議なことが起こりました。御本尊様の前に娘を抱っこして座って、読経が始まると、障害のため常に全身に力が入り硬直している娘の身体が、どんどんリラックスし、力が抜けて柔らかくなっていくのです。

付き添いで来られたスタッフの緒方さんが、見たことのない娘の姿にたいへん驚かれました。施設に戻ってからも、スタッフの方達で娘を囲んで、身体の変化の不思議さが話題になったほどでした。お寺での娘の変化を目の当《ま》たりにされた緒方さんが、有り難くも施設や児童相談所へ口添えしてくださり、その後もたびたび外出許可が下《お》り、娘はお寺へ参詣できるようになりました。

　昨年の十二月には、なんと児童相談所の方が付き添いで参詣され、今年の二月十六日の日蓮大聖人様の御誕生会《え》にも付き添いで参詣されました。その際に「今後の方向性としては、付き添いなく御両親だけで外出ができるようになると思います」と信じられない言葉をもらい、罪障消滅の功徳というものを、この時実感しました。

　昨年の十二月には、今度は妻が長女の侑花《ゆか》と二人で初めて御登山させていただき、妻はたいへん喜んでいました。するとその直後、今度は妻に不思議なことが起こりました。年明け早々に妻の叔母が突然訪ねてきて「知り合いの歯医者さんが事務の正社員を募集しているから、受けてみたら」と紹介してくれたのです。今年の三月から、妻も正社員で働くことになりました。

折伏に動き出す

　私達夫婦は、御本尊様の偉大なお力を感じ、折伏をしていこうと決意し、紹介者の江上さんや地区の方々と共に、所属している田迎地区と支部の折伏誓願目標達成のため、また御命題達成のため、私の弟妹、妻の両親、職場の同僚、友人など、縁のある人達の折伏に動き出しました。

　その折伏戦の最中の昨年十月、ガソリンスタンドで偶然、十年ぶりに友人の小川善尚《よしひさ》君と再会しました。これは御本尊様のお計らいだと感じ、改めて会う日を約束し、折伏しました。そして十月二十七日にお寺にお連れし、小川君は無事に御授戒を受けました。その一週間後の十一月三日、今

正月の参詣を終えて

度は妻が友人の田口久美子さんを折伏し、田口さんは御授戒を受けることができました。この御授戒をもって、田迎地区は平成二十六年の折伏誓願を達成できました。

十一月二十五日には、江上さんの友人である田中満世《みちよ》さんの折伏をお手伝いさせていただき、田中さんは御授戒を受けられました。さらにその三日後の十一月二十八日には、江上さんと一緒に共通の友人の友岡大介《だいすけ》君を折伏し、友岡君は御授戒を受けました。今年の二月、涌徳寺支部の五〇％増の御命題達成まであと三名となり、仕事も手につかず必死に祈っていた時、ふと頭に浮かんだ幼馴染《おさななじ》みの森崎康宏君に連絡を取りました。仕事のことで悩んでいた森崎君に信心の体験を話すと、とても素直に入信を決意され、森崎君は二月七日、日興上人様の御祥月命日の日に御授戒を受けることができました。

振り返りますと、不安と絶望の日々を過ごしてきた私達が、日蓮正宗に出会い、縁ある人々を折伏し、希望に満ちた充実感あふれる人生に変わっていることが不思議でなりません。入信当初に、御本尊様を絶対に信じきって祈るという大切なことを御指導いただいて実践してきたおかげで、戒壇の大御本尊様から大功徳を頂戴できました。

これからも、指導教師の御指導のままに仏道修行を素直にまじめに励み、法華講という尊い組織に加えさせていただいたことに心から感謝し、唱題、折伏、登山、育成と身を惜《お》しまず、人のために尽くす人生を歩んでいくことをお誓い申し上げ、私の体験発表とさせていただきます。

（大白法・平成27年7月1日号）

恩讐《おんしゅう》を超え　父を入信に導く

夫婦で折伏精進の道を歩む

興本寺信徒　井上 依理香

いのうえ　えりか

山口県下関市・興本寺信徒。昨年の10月10日に興本寺において挙式。御主人と共に折伏に励む。

私は、今年（平成二十七年）で入信から七年が経《た》ちました。

転勤で光市に引っ越し、人生初の一人暮らしとつらいことが重なって、泣きながら電話するたびに、母は「南無妙法蓮華経と唱えなさい。気持ちが楽になるから」と教えてくれました。唱題すると悩んでいることがばかばかしく思え、まだまだ私は頑張れると思えるようになり、それがきっかけで入信しました。そして支部総登山に参加させていただき、厳《おごそ》かな雰囲気のなかで皆様と御開扉を受け、感無量でした。

生涯の伴侶への折伏

登山から帰った私は、のちに主人となる交際相手への折伏を思い立ちました。主人が実家に帰った時に日蓮正宗の話をしたところ「まず、ありえない。結婚したら旦那の家の宗旨を受け継ぐのが常識だ。百歩譲って自分だけで拝むのはいいが、井上家は代々浄土真宗だから、それは守ってもらわないと困る」と猛反対されました。それからというもの主人は、私の話を聞いてくれなくなり、信心の話をすると大喧嘩《げんか》になってしまいました。

實谷《みたに》妙子青年部長から「御住職様にお話を聞きにいったらいいいよ」とアドバイスをいただいたので、主人と二人でお寺に向かいました。

御住職・佐藤信覚御尊師はずっと笑顔で、主人の失礼な質問にも丁寧に説明してくださいました。主人が「日蓮正宗の信仰もしながら、親がしている浄土真宗も引き継いで、葬儀までしてあげたい」と言いました。御住職様は「結婚したらあなたが戸籍の筆頭主になるんですよ。一家の主として責任を持たないといけません」と言われました。

三時間経っても話は平行線でまとまらず、御住職様が「こうなってしまうと、どちらかが折れるしかないんですよね。うちの信徒さんは頑固者が多いですからね。けっして折れる人はいませんよ」と言われました。「けっして折れてはいけませんよ」という私への御指導だと感じました。

温かい支えと感動の御授戒

私達がお話を伺っている三時間、本堂では堅野《かたの》さんと高柳さんがずっと唱題し、御祈念してくださっていました。後日「この前は入信に至らず、すみません。唱題してくださって有り難うございました」と言いました。

堅野さんは「折伏は難事ですからね」と言ってくださり、高柳さんは「私のほうこそ、たくさん唱題させていただけてお礼せんといけんくらいよ。これからも一緒に頑張ろう」と言ってくださいました。

　私も気持ちを切り替えて、主人に「家族みんなで日蓮正宗の信心に励まないと幸せになれないと思ってるから、入信してほしい。入信できないなら、別れることになってもしょうがないと思ってる」と伝えました。主人も「もう一度、真剣に考えてみる」と言いました。

　主人は両親と電話で連絡を取っていたようで、二カ月後「入信を賛成してくれたよ」とうれしそうに言いました。主人の両親は、主人が入信することにためらっていたから反対したそうです。「入信することに決めた。でも、父さん達が亡くなってからも、ちゃんとお墓は見ていくから賛成してほしい」と言うと、あっさり賛成してくれたそうです。むしろ「ワシらが死んでからのことまで考えてくれていて驚いた。そんなに愛する人に巡り値《あ》えて幸せやのう」と、二人とも泣きながら話したそうです。

　初めて主人をお寺に連れていったのは、入院中のことでした。主人は、角化《かくか》嚢胞性《のうほうせい》歯原性《しげんせい》腫瘍《しゅよう》という病気で、ベッドに横たわり、痛がっていました。私は、そのような主人を見るのがつらかったので、お寺の御本尊様に早く治りますようにと御祈念をしました。二回目の手術で、一回目より痛みが少なかったので御祈念がかなっているように思い、主人を絶対に折伏しようという決意ができました。

　そうして主人は、昨年二月の御講の日に御授戒を受けることができ、皆様から祝福していただきました。御住職様や興本寺支部の方々に掛けていただいた言葉、主人と大喧嘩をして高速道路で車を降りた夜のことなど、思い出したら涙が止まりませんでした。ものすごく疲れた初めての折伏でしたが、その分、喜びと達成感でいっぱいになりました。（注・お二人は、平成二十七年十月十日にめでたく結婚されました）

お義母さんの入信

その後、昨年の八月に覚正寺で行われた青年部対象の広布推進会で主人を折伏した体験を発表させていただきました。主人の両親が出席してくれ

挙式を終えて

たので「一緒に日蓮正宗で信心に励みましょう。入信して一緒に暮らしましょう」と呼び掛けました。お義母さんは「一緒に暮らそうと言われ、うれしくて涙が出た」と言ってくれました。

そして、翌九月にお義母さんを興本寺にお連れできました。お寺ではほとんど主人が「母さんのことが心配なんよ。足も早く治してほしいし、もっと幸せになってほしい。この信仰はすごいよ。僕は入信してから結婚もできて、家まで建って、この先もっともっと幸せになるよ。母さんは今の生活で幸せって言えるん」等と話し掛けていました。お義母さんは、菩提寺の当番で集金等の仕事があることで、宗旨替えするのを申しわけなく思ったり、お祖母さんの遺影に手を合わせられなくなることがいやなようでした。仏壇のことやお墓のことなど、よく解らないことは御住職様に伺いましたが、二時間、ほとんど主人がしゃべっていました。

二度目に参詣した九月十日は、お義母さんもお寺に着いてすぐに決心したようで「入信します」と言ってくれました。今では「御講が唯一の楽しみ。お寺の人がいつも話し掛けてきてくれて、すごくうれしい」と喜んでいます。今年はお義父さんを折伏できるように、夫婦そろって勤行・唱題に励んでいきます。（注・お義父さんは、平成二十七年六月十六日に御授戒を受けられました）

そして、昨年十二月七日には、私の父を折伏できました。

父のことは、ずっと折伏したいと思っていましたが、行動に移せませんでした。堅野さんと福川さんに六月の夏期講習会に誘っていただき、堅野さんの車で連れていっていただきました。

父との間にあった壁

父は私が十三歳のころから家に帰ってこなくなりました。初めは信じられずに、どこかで飲んでいるだけだと思い込もうとしましたが、何カ月か経《た》って父の部屋に入ると、私達子供が描いた父や母の似顔絵が壁から剥《は》がされていました。この時、父に捨てられたんだと実感し、本当に出て行ってしまったんだと受け止めました。

祖母と喧嘩になった時に、祖母は母と私達子供に向かって「お父さんが帰ってこんくなったのはあんた達のせいよ。あんた達がお父さんをハネにするけえよ（のけ者にするから）」と言いました。兄や姉は激怒していましたが、母は黙って聞いていました。

それでも父は自治会や家の仕事でたまに帰ってきたので、私は父の携帯電話をこっそり見て、父の今の奥さんに「お父さんを返して」とか「泥棒」等、たくさんのひどい言葉を、思いつく限りメールで送りました。私達の苦労は全部、父とその奥さんのせいだと思うようになっていました。

心が変わった

しかし、入信して御講に参詣するようになってからは、御住職様が先祖供養のことや、地獄に堕ちた父親を息子がお題目で救った話をしてくださったので、考え方が変わってきました。

唱題していると、昔の父のことをよく思い出します。以前は悲しくなるので思い出さないようにしていたのだと思いますが、折伏するようになってからは、よく思い出すようになりました。

初めて食べたもんじゃ焼きは、お父さんとだったこと。初めてお父さんが作ってくれたお弁当に焼きたらこが入っていたこと。山で木を伐《き》って、みんなで兄のベッドを作ったこと。卒業式にはお父さんが来てくれたこと。

父は、兄姉からえこひいきと文句を言われるくらい、私をかわいがってくれました。一生分、子供のころにかわいがってもらったから、帰らなくなったのかなとも思います。

父に会いに行っても、電話してもダメだったので、「お寺に一緒に行こう」とメールしてみました。

講中の皆さんと

すると「日曜日の午前中ならいいよ」と返信があり、唱題会の日にお寺に連れていけました。

すべて伝えて　信心を勧める

お寺に着いてからは、自分の気持ちをすべて伝えることができました。「お父さんが帰ってこなくなって、つらいこともたくさんあって、いっぱい恨んだけど、お寺に来るようになって御住職様のお話を聞いてから、お父さんの幸せを願えるようになった。この前、お父さんの奥さんに会った時、ちゃんと握手して、父をよろしくお願いしますって言えたのも、日蓮正宗で信心に励むようになったからなんよ。私はお父さんにかわいがって育ててもらって、大学まで行かせてもらえて感謝してるから、ちゃんと親孝行したい。この信仰を勧めることが親孝行になると思ってるから入信してほしい。それでお父さんも奥さんも健康で長生きしてほしい」と言いました。

父は「今日はこうして、あなたの考えてることが聞けてよかったと思う。でも、今日はお寺に来てって言われたから来ただけで、入信とかは考えてない。来てと言われれば、お寺でも神社でも教会でもどこでも行く。今日は話を聞けただけでもういいから、入信とかはしません」と言いました。父は、今日帰ってしまったら、また誘って来るようなタイプではないと思ったので、諦《あきら》めることなく続けて言いました。

「今はお父さんのこと、幸せになってほしいって思ってるけど、昔は恨んでたし、地獄に堕ちればいいのにって思っていた。それでお父さんが不幸になったら悲しいから、入信してほしい。お父さんが帰ってこなくなって、あの時、お父さんとちゃんと向き合わなかったことを後悔した。もう後悔しないように絶対諦めんよ。お父さんがいなくなって十七年間、ずっとつらかったけど、入信してくれたら、私の今までの痛みや苦しみが全部喜びに変わるんよ。私の悲しみは無駄じゃなかったって思えるんよ。お願いだから入信してほしい」と言いました。

父がついに入信

すると父は「入信してもいいよ」と言ってくれました。この時、私の胸にずっと引っかかっていたものが全部、消化されたような気がしました。

ずっと本堂で唱題してくださっていた皆さんの前で父が御授戒を受けられ、感動しました。後日、父から「この前は有り難う」と笑顔で言われて「こちらこそ」と返しました。これからは信仰を通じて、一緒にいられなかった時間を埋めていきたいと思います。

私は入信した最初のころ、日蓮正宗の信心に励んでいることをだれにも言えずにいました。しかし主人を折伏してからは、日蓮正宗のすばらしさをみんなに伝えるのが私の使命なのだと思えるようになり、転勤先の人達にもどんどんお話しできるようになりました。

温かい講中で折伏に励む

興本寺支部は優しい人達ばかりなので、職場で人間関係に悩んでいる人がいると「私の行ってるお寺の人達は、みんな優しくて楽しいよ。今度、一緒に行ってみようよ」とお誘いしています。

これからも折伏することを宣言し、唱題して実現していきたいと思います。折伏して嫌われることを恐れるよりも、折伏しようとしない自分自身を恐れるように、折伏を念頭に置いて行動したいと思います。

「折伏しっ放しではだめですよ」と御住職様もおっしゃっていたので、私がしていただいたようにきちんと育成できるよう、もっと勉強していきたいと思います。

（大白法・平成27年10月16日号）

法華講員体験談シリーズ16

正法に出会って 人生が変わった

平成28年2月1日 初版発行
平成29年5月28日 第3刷発行
編集・発行 株式会社 大日蓮出版
ISBN 978-4-905522-45-4

ISBN978-4-905522-45-4
C0015 ¥185E

定価(本体185円+税)

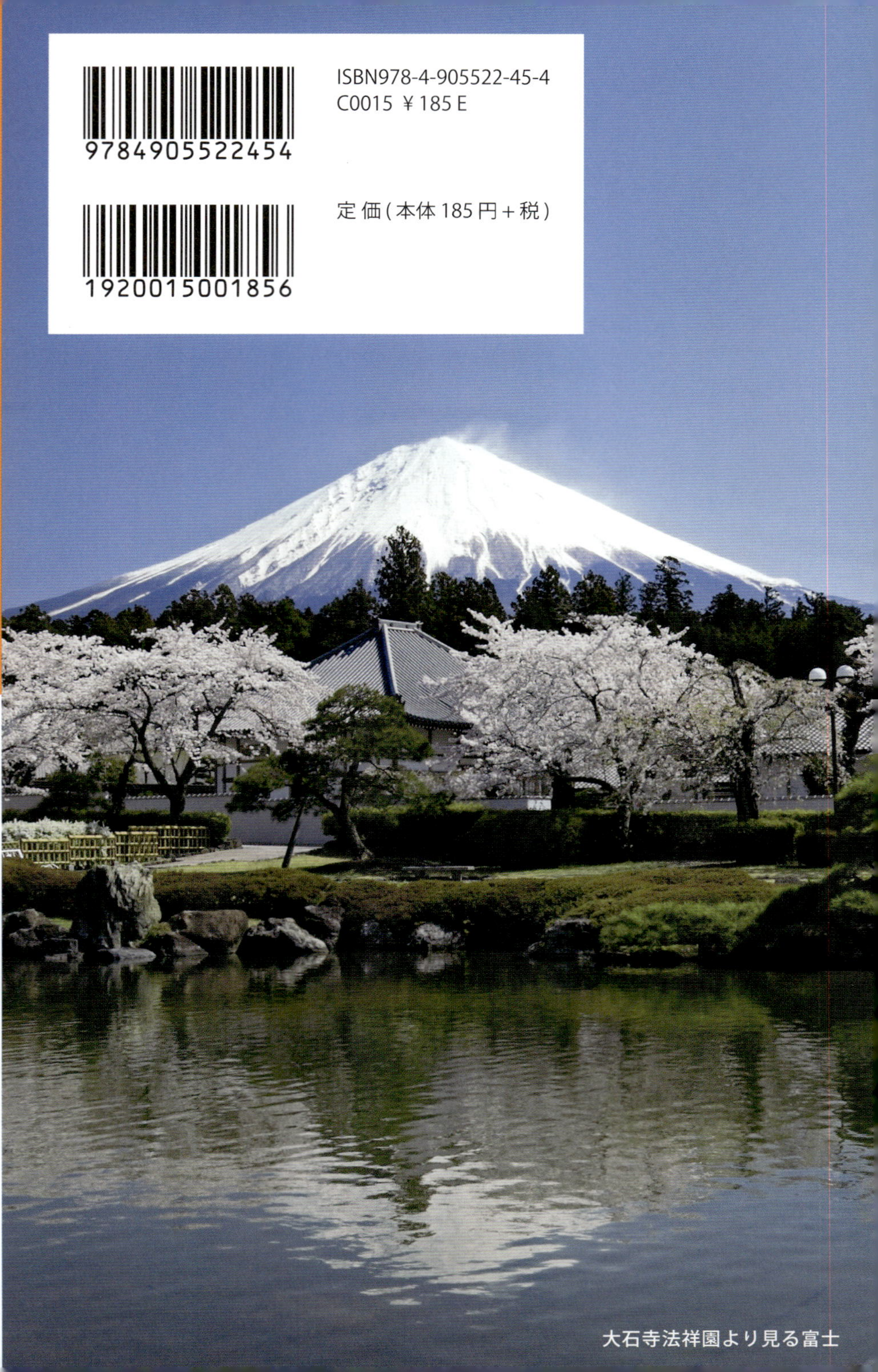

大石寺法祥園より見る富士